AF132083

1

Claude Cohen-Boulakia

Matrice, Éternité

À mes disparus *lehaïm*

Le livre du secret de la vie

Qui est-elle, celle qui, n'ayant pas enfanté, nous livre le secret de la vie et de l'enfantement ? De quelle ouverture inouïe de l'utérus tient-elle la parole qui délivre le monde ? Parole qui nous délivre des fautes illusoires par où la mort était venue. S'était infiltrée. Elle s'était infiltrée dans la croyance sacrificielle qui renaît avec le christianisme, mais qu'Abraham avait effacée du monde. En ne sacrifiant pas son fils. Liens difficiles à inventer, entre le père et le fils, pour qu'ils puissent, comme le dit le texte de la Genèse (12, 6), aller « tous les deux ensemble ». Parce qu'en Orient, le père sacrifiait son fils, et en Occident, le fils (Œdipe) tuait son père. Mais la Bible nous enseigne qu'un père et un fils peuvent marcher ensemble sur la terre. Pour cela il nous faut nous approcher de la féminité. Écouter les résonances entre *Matrice* et *Éternité*.

Où est la mère, demande-t-elle ? Le livre de Claude Cohen-Boulakia - *Matrice, Éternité* - est cette recherche même.

Au fil de plusieurs interrogations, elle déploie les étapes de l'humanité à venir : l'Un, l'Utérus, la Joie, la Mondialisation, l'Humanité en chemin vers…, la Vie. Mais les étapes ne se profilent pas comme un programme, comme ces grandes phases de l'histoire de l'esprit, à la manière de Hegel.

Car le processus s'enracine dans la féminité même, la maternité. Le Rabbin Israël Zerdoun nous l'avait enseigné : la femme a pris la compétence divine pour donner naissance. Elle est en délégation de Dieu.

Les rêves de paix universelle viennent de cette simple et commune dilatation de l'utérus. Par où, au commencement, nous sortons de la peur. « Antre maternel pour édifier le temple », écrit-elle. Car l'utérus est « avant le livre ». Ou peut-être, est-ce ainsi la possibilité même du livre ? Le long poème de Claude Cohen-Boulakia, est l'écriture de cette dilatation.

> « Corps vibrant d'éternité,
> Ô émerveillement du septième jour. »

Joie parfaite. Qui ne dépend « ni du lieu ni du temps, ni des autres ». Où nous expérimentons que nous sommes éternels. Spinoza, loin des mythologies sacrificielles et mortuaires, nous a ouvert la voie.

Vie parfaite qui se conjugue dans la tradition talmudique par l'évocation de la naissance en écho à la résurrection des morts. Car les morts, riches et pauvres, bons et méchants, vont dans le séjour des morts appelé *Shéol*, sorte de vie provisoire des ombres d'où ils devront sortir pour la résurrection.

Les textes de la Bible disent que le *Shéol* se trouve devant Dieu, et qu'Il est en quelque sorte présent, là également. Le mot lui-même vient de la racine *Shaal* qui signifie « demander ». *Shééla* est une question. La résurrection des morts serait une sortie du *Shéol*, et le Talmud, Traité *Sanhédrin* (92a), va lier ensemble le *Shéol* et la matrice de la femme : « Rabbi Tabi a dit au nom de Rabbi Yochia : quel est le sens du texte (trois choses sont insatiables…) le *Shéol*, le flanc maternel, tout comme la terre qui ne reçoit jamais son content d'eau (Proverbes 30, 16). » Que signifie ce rapprochement entre le *Shéol* et la matrice ? « C'est pour te dire que, de même que le flanc maternel reçoit (la fécondation) et restitue (un enfant), de même le *Shéol* reçoit (les morts) et les restituera (pour la résurrection). » Ainsi, il n'y aura que la vie.

Car l'humanité, dit-elle, est à faire. Ce que la Bible nous enseigne. Dieu dit : « Faisons Adam dans notre image et comme notre ressemblance. » (Genèse 1, 26). Son image, c'est le sceau de l'unicité. Comme Montaigne écrivant que chaque homme porte en lui la forme de l'humaine condition. La ressemblance, c'est celle que nous avons à produire, à réaliser, à inventer. Tel est le projet divin et humain à la fois : « Faisons Adam… ». Et nous nous souvenons qu'il est encore écrit que Dieu créa l'Adam dans son image (« à la réplique » de Dieu », écrit-elle, citant

André Chouraqui), c'est-à-dire « masculin et féminin » (Genèse 1, 27). Alors, l'homme deviendra lui-même matriciant. Accueillant la parole féminine comme le chemin de l'incarnation. À l'image et comme la ressemblance à Dieu appelé Lui-même : *Ha-Rahaman* / le Matriciel.

Cela passe, dans le texte de Claude Cohen-Boulakia, par le transhumanisme, la fin de la loi de la jungle pour la survie, et jusqu'à l'élaboration de la paix monothéiste et universelle.

Car le texte ancien ne nous a pas laissé le choix :
« Tu choisiras la vie ! »

Monique Lise Cohen

Claude Cohen-Boulakia est poète, enseignante et docteur en philosophie. Elle a enseigné la philosophie en classes terminales des lycées, en Préparation à Sciences Politiques et aux Écoles de Commerce, pour la Formation continue à l'Université Pierre Mendès France. Elle a encore animé des séminaires sur Nietzsche et Spinoza à l'Alliance Israélite Universelle.

Elle a publié :

L'Utérus du christ, Éditions Galilée, Paris,1978.
Le Mal ? La Mort, Éditions E.D.K, Paris, 2000.
La Joie d'exister, Éditions E.D.K, Paris, 2000.
Danser la vie, Éditions des Rosiers, Paris, 2013.
Écrire, Paris, Éditions B.O.D., 2016.
Ève est innocente, Paris, Cohen&Cohen, 2016.

Elle a organisé, dans le champ de ses recherches, plusieurs colloques à Cerisy qui ont donné lieu à ces publications :

Les Figures du Messie, Éditions In Press, Paris, 1996 (en collaboration avec Shmuel Trigano).
Corps, âme, esprit, Éditions E.D.K., Paris, 1996 (avec Jacques Gorot).
Déterminismes et complexités du physique à l'éthique, autour d'Henri Atlan, Éditions La Découverte, Paris, 2008 (avec Paul Bourgine, David Chavalarias).

Lectures contemporaines de Spinoza, Éditions Presses de l'Université Paris-Sorbonne, 2012 (avec Pierre-François Moreau et Mireille Delbraccio).

Matrice, Éternité

Claude COHEN-BOULAKIA

∴

1. *La morale judéo-chrétienne existe-t-elle ?*

De la coupure du cordon ombilical

Dans la nature « les gros poissons mangent les petits »

Écrit Spinoza dans *l'Éthique*.

Les animaux subissent ainsi la soumission à l'instinct de survie.

Ni droit ni loi ni contrat dans les espèces non humaines

Certains humains, Calliclès dans *le Gorgias*, ratifient

Ce fait de nature et demandent que les « forts » et les « faibles »

Par nature acceptent leur programme génétique de requins et de veaux.

Ainsi, selon leur conception, nulle distinction n'entre dans le

Règne de l'animalité et celui de l'humanité.

Les outils humains, intelligence, réflexion, abstraction, imagination

Ne sont que des instruments plus subtils, plus complexes au service

De l'adaptation.

Il va de soi, ne l'oublions pas, que les jeux sont faits dès

La naissance et que l'ordre social doit se conformer à l'ordre

Biologique ! !

Tout est donc inné. L'acquis n'a pas de poids dans le devenir

De l'existant humain.

Les sophistes ne posent pas la question : comment reconnaître

Les forts, les faibles ?

Qui suis-je ? Qui êtes-vous ?

Il est vrai que l'idéal de vie est d'être « le roi de la nature »,

Roi dont l'ambition est de pouvoir asservir le maximum d'individus.

« Quand un homme, en effet, est né fils de roi, a trouvé

En lui-même la force nécessaire pour conquérir un commandement,

Une tyrannie, un pouvoir suprême, que pourrait-il y avoir de plus

Honteux et de plus funeste pour un tel homme qu'une sage

Modération ?… » *Gorgias*, Éditions Les belles Lettres (483b-484-491-492 e).

Ainsi, dans cette perspective, tous les moyens sont bons pour

LA RÉUSSITE.

Comme l'écrit Machiavel, la fin justifie les moyens.

Pour Machiavel, réussir est pour le prince, le chef : être capable

De maintenir la paix intérieure dans la cité.

Tâche d'autant plus périlleuse que tous les hommes sont par

Nature méchants. Ils ne peuvent donc s'autogérer ; il faut

Un commandement, un « prince » qui puisse canaliser la méchanceté

Humaine. Lui-même est méchant, mais témoigne de qualités particulières propres à tout poste de décision : la vertu, la ténacité, le courage,

La persévérance.

La politique prise dans son sens propre - organisation des

Rapports entre les hommes dans la cité - a pour fonction l'efficacité ;

C'est une technique dont le succès est la condition de sa

Signification.

Mais attention ! Nous ne sommes pas en présence d'un

Machiavélisme puisque le propre de l'art politique est le

BIEN COMMUN.

Nous ne sommes plus dans l'espace des sophistes puisqu'il n'y

A aucune apologie sophistique de la tyrannie.

La parole de Machiavel est limpide – si nous posons la méchanceté

Humaine, nous ne pouvons pas en même temps, prétendre nous

Déplacer dans « un espace moral ».

L'humanité doit composer avec cette méchanceté (laïcisation du

Péché originel) qu'elle ne pourra jamais extirper, mais simplement

Contrôler plus ou moins hypocritement.

Si la politique existe dans le sens d'une organisation

Sociale fondée sur le pouvoir des gouvernants et l'obéissance

Des gouvernés, c'est donc bien que les hommes ne sont pas

Bons par nature.

Dans une humanité bonne, il n'y aurait pas besoin de

Politique. Il y a là une impossibilité à parler de morale, de

Projet pour l'humanité. L'observation des faits passés et présents

Enracinés dans la méchanceté fondamentale rend totalement Dérisoire toute ambition de transformation.

Les choses étant ce qu'elles sont,

ne rêvons pas

Soyons efficaces, *pragmatiques, pour tout dire réalistes.*

Il faut renoncer à changer le système, il faut donc

Adapter l'homme au système libéral.

Que percevons-nous dans ces quelques approches ?

Essayons de vivre le moins mal possible avec cette nature

Supposée de l'homme.

NE RÊVONS PAS !

Nous n'avons plus le droit d'imaginer, bien davantage, comme

Le proclament certains pseudo-philosophes fatigués, amortis,

Nous avons le devoir « des petites vertus ».

Certains dans l'histoire de l'humanité ne se sont jamais

Résignés aux faits, aux états des lieux. Bien au contraire !

Ils ont pressenti que l'observation psychologique, sociologique

Des faits de violence, de guerre, de torture ne pouvaient épuiser

La dimension humaine.

Ils ont fait de véritables actes de foi, des paris sur l'humanité

Parlons de Rousseau déclarant :

« Les hommes sont méchants et pourtant
l'homme est naturellement bon. »
Innocent, ne cherchant par nature à nuire ni
à soi-même
Ni à autrui.

Spinoza, au dix-septième siècle, refuse ce que Freud nomme

Thanatos la pulsion de mort.

Pour ces êtres de l'affirmation, de générosité, ce qui est n'est

Ni ce qui pourrait être, et encore moins ce qui doit être.

C'est justement cet acte de foi, cette croyance qui est le

Centre même de la production de la morale.

La morale, et non les morales, des morales, suppose l'idée de

Valeurs communes à tous les êtres humains.

La morale exige l'universalité des valeurs qui ne dépendent ni

Des lieux, ni des temps, ni des conditions.

On ne peut pas parler de morale si on n'adhère pas

À l'universalité comme fondation, sinon on parle de tout autre

Chose : de coutumes, de mœurs, de lois

sociales qui, elles, effectivement, sont

relatives, dépendantes de chaque culture.

La morale, si elle a une signification véritable, si elle est

Possible, pose la question fondamentale

Qu'avons-nous à mettre en commun (nous bipèdes humains), que pouvons-nous mettre en commun ?

Cette quête de mise en commun est-elle illusoire,

Hallucinatoire, fantasmatique ?

Pouvons-nous évacuer cette question dans des réponses, syncrétiques magmas de lieux communs « radotés » en des formules lapidaires « chacun a sa morale, chacune a ses valeurs ».

Si tel était le cas, que signifierait communiquer !

Contre le fait, contre l'état des lieux, la morale met en lumière

La spécificité, le propre de l'humanité qui refuse que les gros

Poissons mangent les petits, ou que grâce à la génétique, les petits

Poissons puissent un jour déglutir les gros poissons.

Le fait de la force ne peut être le tout de l'être humain.

L'homme ne peut se résoudre à tuer.

Comme dit Kant, voulons-nous universaliser le meurtre ?

Ce serait la fin de l'humanité.

« Agis toujours d'après une maxime telle que tu puisses

Vouloir qu'elle devienne en même temps loi universelle ». (*Fondements*

de la métaphysique des mœurs).

La morale suppose donc l'universalité dont l'expression est la loi,

Le droit qui lutte contre le fait.

La loi morale « NE TUE PAS » est l'appel de l'humanité.

Cette loi ne cesse de dire et redire (alors que les faits quotidiens

Montrent tous les jours des meurtres individuels, collectifs).

NE TUE PAS

La loi contre le fait

Faut-il se gausser de la loi ? S'incliner devant le triomphe des forts, dire

Avec Péguy – la morale de Kant a les mains pures mais elle n'a pas de

Mains.

Comment ne pas être violent dans un monde de violence, comment, pourquoi

Ne pas mentir quand tout le monde ment ?

C'est dans cette « adhérence » (terme d'André Chouraqui) à

l'universalité à la loi morale de l'antimeurtre que je veux

envisager la question « Y a-t-il une morale judéo-chrétienne » ?

Le premier point de rencontre me semble être que ces deux formes

De monothéisme – judaïsme et christianisme - ne sont pas, à première

Vue, des conceptions qui assimilent l'homme à ce qu'il est mais

Plutôt à ce qu'il peut être, ce qu'il doit être.

La conception juive telle que je l'ai saisie pose deux axes essentiels.

La divinité est un souffle, une parole, un dire, et, en ce sens, elle ne

Peut être représentée, ou même présentée. Elle est simplement présente.

Dieu crée l'homme le sixième jour et se repose le septième jour.

Le judaïsme saisit que l'homme, espèce plus récente, plus complexe
Que les autres espèces, n'est pas de ce fait une humanité achevée, réalisée, accomplie.
Le repos de Dieu ne signifie pas le retrait de Dieu ou l'exil de Dieu, mais
Au contraire le signe que Dieu est le souffle de l'humanité, et ce souffle
Même va permettre à l'homme de s'accomplir.
N'est-ce pas ce souffle de Dieu qui anime le judaïsme lorsqu'il
Promulgue les commandements, la loi ?

La loi exprime que l'homme n'est pas voué au fait de la

Jungle, mais bien plutôt appelé à ériger un monde humain qui a

Su, pu, voulu juguler l'affirmation de Hobbes : « L'homme est un loup pour l'homme ».

La loi morale humanise l'humanité, elle est la condition même

De son évolution vers la non-violence, vers la paix.

Il faut du temps pour inhiber les schèmes d'adaptation hérités des

Autres espèces, il faut du temps pour passer de la pénurie, source

D'état de guerre, à l'abondance, condition objective d'une non-violence entre les hommes.

Ainsi, patiemment le judaïsme, l'aîné du monothéisme traverse les guerres, les conflits, les réconciliations.

Il sait la parole d'ISAIE 65, 25 (André Chouraqui) :

« Le loup et l'agnelet pâtureront comme un seul

Le lion, comme un bovin, mangera de la paille

Le serpent, la poussière sera son pain

Ils ne méferont pas, ils ne détruiront pas

Dans toute la montagne de ma sacralité. »

Le judaïsme reconnaît ainsi la vocation de l'humanité

Contribuer (grâce à la loi, grâce à son formalisme même

Que constitue le principe d'universalité) à une véritable

chimie du corps, de l'intelligence, de l'être pour que soit

réalisée cette parole messianique, cette ère messianique.

C'est cette espérance même, cette joie ineffable que le

Judaïsme découvre dans **le non-sacrifice d'Isaac.**

Dans notre tâtonnement, dans notre cheminement

D'humanoïdes balbutiants, Dieu nous éclaire de façon péremptoire.

En effet, comment savoir que nous sommes en route vers

La prophétie d'Isaïe, que nous ne sommes pas dans l'erreur, dans

L'illusion, dans la toute-puissance ?

Qui mieux que Dieu peut nous éclairer sur nos rapports

Avec lui, avec les autres hommes, avec l'univers ?

Comment aimer Dieu, m'aimer moi-même, aimer l'autre ?

Dois-je m'oublier, me briser, m'anéantir pour l'amour,

Nom de l'amour ?

Dieu m'apprend-il que l'amour authentique ne peut être

Que sacrificiel ?

Aussi l'épisode d'Abraham est-il hautement significatif.

L'enseignement de Dieu est limpide.

Je ne veux pas d'amour sacrificiel.

Si Abraham et nous-mêmes à sa suite avons pu fantasmer que

L'amour exige le sacrifice, alors nous nous sommes totalement

Trompés.

Le sacrifice n'est pas la voie royale qui va mener à la prophétie

D'Isaïe.

Ainsi le judaïsme doit-il garder ses enseignements précieux.

La loi morale transforme l'inachèvement de l'homme.

Le formalisme, principe d'universalité, est la seule nourriture

Adéquate.

L'amour n'est pas sacrificiel.

L'espérance ne doit jamais se faire impatiente et se transformer

En *Idolâtrie.*

La force du monothéisme (que nous soyons croyants ou non) est

De mettre fin à toute forme d'idolâtrie. Or, qu'est l'idolâtrie sinon le

Désinvestissement de ses propres énergies, par méconnaissance de ses

Potentialités, ce que Freud nomme mauvaise image de soi-même,

Au profit d'un autre être qui peut entraîner, et nous ne le savons que

Trop, les pires catastrophes.

Le père ne demande pas à Abraham de sacrifice car il n'est pas

Une idole, il est un souffle, une parole.

Le père ne veut pas la mort du fils et le fils ne cherche pas la

Mort du père.

La filiation, la transmission ne peuvent s'accomplir dans le

Meurtre.

Le souffle traverse tous les cordons ombilicaux sans aucune

Forme de malthusianisme.

L'aîné, le judaïsme, s'est-il vraiment enorgueilli de son élection ?

Le peuple élu ne peut-il signifier simplement « Conscience de ne

Jamais renoncer à l'espérance » ?

Nous sommes aux aubes de l'accomplissement. Nous sommes garants

De cet accomplissement par le souffle de Dieu et nous savons aussi

Que la chair est verbe, souffle, vouée à l'éternité.

Est-ce de ces messages que pâtit le cadet, le christianisme ?

Qu'arrive-t-il avec le christianisme ?

Un nouveau pacte, une nouvelle alliance est scellée.

Un prophète « Jésus » naît et est dit fils de Dieu.

Dieu se serait fait homme, se serait incarné.

Ainsi s'instaure une nouvelle relation avec Dieu, une nouvelle

Filiation.

Jésus découvre que la loi mosaïque est nécessaire, mais qu'elle

N'est pas suffisante.

En effet, Jésus n'est pas venu abroger la loi, mais l'accomplir.

Est-ce à dire que l'attente de l'aîné est parfaitement accomplie par cette parole du cadet, que le christianisme est la vérité du judaïsme, dans la mesure

Où tout est réalisé par, grâce au fils de l'homme, au fils de Dieu ?

Où sont les signes de l'accomplissement ?

L'humanité a-t-elle surmonté les meurtres, les violences, le loup peut-il

Paître avec l'agneau ?

L'humanité est-elle pleinement réalisée ? A-t-elle fait patiemment son

Travail d'alchimie, la chair verbe s'est-elle faite incorruptible ?

Que nous dit l'histoire du cadet : Il est le préféré de Dieu, il est

L'incarnation du divin.

Nous retrouvons ici un Dieu représenté.

Nous avons le discours totalement inverse de celui de l'aîné

Puisque le Père a accepté l'amour sacrificiel de son fils pour l'humanité.

Jésus dans son immense amour pour les humains s'est laissé tuer

Par ces mêmes humains qu'il est venu sauver.

Le Père tout-puissant, tout connaissant peut-il laisser sacrifier son fils ?

Comment le christianisme perçoit son rapport avec l'aîné ?

N'y a-t-il pas là la revendication du cadet à vouloir exister avec la même

Intensité, la même force au regard du père, quitte à inverser tous les

Messages du père au fils aîné ?

C'est sur ce premier point, à savoir **ce thème sacrificiel** qu'il y a un

Renversement radical, un point de fracture entre le judaïsme et le christianisme qu'il ne faut surtout pas occulter.

Au contraire, c'est cette fracture qui doit être interrogée, fouillée entre

Juifs et chrétiens, ensemble, autour des textes mêmes.

Nous entendons parler du père, du fils, des rapports de filiation

Père fils ; mais où est la mère ? Où est la femme ?

Dans le judaïsme les mères sont douées de sexualité, elles sont

Les transmetteuses dans la vie quotidienne.

Elles sont les gardiennes

De la loi. Elles **veillent**, à l'écoute.

Dans le christianisme, la figure de la Mère, de la Vierge est d'être

Dénuée de sexualité.

C'est dans la virginité que Jésus est né.

L'autre figure féminine est la prostituée.

Je ne m'attarderai pas sur le thème de « l'exclusion » par rapport

Au statut de la prostituée, mais je porte ma recherche sur cette

Exigence de la « MÈRE » non reproductrice biologiquement.

Cette exigence passionnante mérite d'être éclairée car elle pourrait

Bien être le *chemin commun* au judaïsme et au christianisme.

La mère biologique est porteuse de vie et de mort, car comme dit

Montaigne : « Naître c'est mourir. » Or, dans l'intention du créateur tel

Que nous la livre la genèse, l'homme n'aurait pas dû mourir.

Genèse 2, 17 : « De tout arbre du jardin, tu mangeras,

Tu mangeras

Mais de l'arbre de la connaissance du bien et du mal

Tu ne mangeras pas,

Oui, du jour où tu en mangeras, tu mourras,

tu mourras ».

La mort est donc le signe même du péché, de la transgression

De l'interdit.

La mort n'est pas un destin.

Elle est la conséquence de quelque chose qui aurait pu être évité,

Qui pourrait être évité, qui **peut** être évité.

Elle est le premier acte qui marque que l'homme n'est pas qu'un

Être de nature mais aussi un être d'histoire.

Si l'histoire humaine commence par la mort, cela ne suppose

Nullement qu'elle doive s'achever, **s'accomplir** par la mort. L'achèvement, l'accomplissement de la parole messianique

Ne porte-t-elle pas aussi la mort de la mort !

Et justement que nous dit l'histoire du fils de l'homme, du

Fils de Dieu ?

Évangile selon Marc, 16, à la sépulture « Vous cherchez Ieshoua le

Nazaréen qui a été crucifié ? Il s'est réveillé. Il n'est pas ici ».

Le tombeau est vide : le fils de l'homme est enlevé au ciel

Et il siège à la droite d'Elohim.

Jésus est ressuscité.

La mort de la mort
Telle est la belle nouvelle du
christianisme.

Mais comment écouter à la fois cette grande nouvelle inscrite

Dans la parole messianique et en même temps adhérer aux paroles du cadet Matthieu, 11, 27 ?

Ieshoua répond et dit « Tout m'a été livré par mon père.

Nul ne pénètre le père, sinon le fils, et celui À qui le fils veut le découvrir ».

C'est encore sur ces paroles que se situe de nouveau la fracture

du judaïsme et du christianisme.

Comment le cadet peut-il affirmer devant l'aîné et plus tard devant

Le benjamin : votre filiation ne peut passer que **par moi.**

Sans ma médiation vous ne pourrez recevoir le père.

Ce médiateur peut-il me convaincre de la mort de la mort ?

Pourquoi tant d'impatience ai-je envie de dire aux chrétiens, pourquoi

Ce désir de toute puissance qui fait dire que le verbe s'est fait chair

Et qui inverse ainsi le processus lent, difficile de l'histoire de l'homme ?

Comment réconcilier l'aîné, le cadet ?

N'est-il pas temps, en cette aube du XXIe siècle de se tourner vers

Celle qui s'est faite si discrète la femme ni prostituée, ni réduite à la

Fonction reproductrice, mais espace d'accueil, gardienne d'Éros ?

Pères et fils ont lutté à travers l'histoire, ont inventé les sciences,

Les techniques tantôt au service de la vie, tantôt au service de la mort

Mais ils ont aussi créé les conditions objectives d'une terre d'abondance

Permettant l'évolution des mentalités, le dépassement des rapports

Fratricides que l'on observe encore dans le libéralisme économique.

Dans le silence « des armes viriles », l'instance féminine en chaque

Être doit pouvoir s'exprimer dans son universalité.

Ce dire de la féminité s'inscrit au sein du cordon ombilical

Dans l'affirmation de la joie, de l'éternité.

2. *Anaérobie*

Division du travail.

Chaque organe accomplit sa fonction.

La besace cellulaire s'alourdit.

Les gemmes greffent la secousse
plutonienne.

Cite   trituré.

La main laboure le fœtus.

Les vasculaires bouillent – troupeaux
sanguinaires.

Les seins en flamme s'emmurent sèves
desséchées.

TASSEZ   TASSEZ.

Des sacs de graviers (chaîne
ganglionnaire involuée)

Grimacent la lévitation.

Lourdeurs coincées à l'aisselle

ENTASSEZ   ENTASSEZ
          ENTASSEZ

Elles ne respirent plus

Les groupes vagabondent   reins
cervcau   foie

Mamelons utérines

TROPHES

Cette semence éparse formule l'aire de
la

PHORIE

Les changeables devancent l'ordre
pluriel.

Venues astrales déjouent l'espèce.

La métastase saute

BOITEUSE

Happé

de tout dire

électrocuté

sa trace s'abrite

QUANTUM IN SE EST

Applique

« nulle chose ne peut être détruite sinon

Par une cause extérieure ».

Les locutions louvoient

Hasardant

Pointillés

Can – croc galope

Le sens pansu

électrocuté

Explosant référent

Glue   spéciale

L'opération fond les additions

Ajouter engloutit

La différence fait la mime

Toile solide

Karkinoma

Elance sa première mue

Elle palpite l'excès.
Le corps cède
            Raréfié
Fouillis   grégaire

Le verbe dérape

CROISSEZ et
    MULTIPLIEZ.

3. Cerveau moniste

La membrane molle nucléaire.

Le fer le sang construisent les cellules tirées de la bête.

Les filtreuses labourent l'argile.

Le corps pèse, calcule.

Les fonctions organiques excrètent les cellules mnésiques.

Les repères sont culture. Les cellules humaines explosent l'animal.

La machine dévore les peurs premières.

La mutation précipite les éléments.

Les circuits de la survie évacuent la naissance et la mort.

La technique disloque les fonctions.

L'organisation tributaire des faims - tris de l'aliment.

LE CŒUR gorge L'IGNORANCE.

L'alarme palpite. La quête cellulaire guette.

Les rituels rouges tracent DES DUALISMES itinéraires de HASARD.

Cellules expérimentent tâtent l'énergie.

TOUCHES   à DIVERSES REPRISES

La somme des dangers infiltre les eaux d'épreuves.

Les minerais gîtent les mots.

Les verbes animaux griffent.

Les matières agrippent.

Nourrisson cérébral la vacance associative s'intoxique ; les hâtes
De la satisfaction engorgent les organes.
Pêle-Mêle
INCERTITUDES NOURRICIÈRES
– muscles intestins……………

Le corps parle.
Babils de l'espace inscrivant la lumière, les petits globes d'intelligence
Sourient.
LA COMPRÉHENSION CELLULAIRE
OXYGÈNE anges

Esprits.
La circulation sanguinaire échos des peurs fige les mots.
COAGULATS DUALISTES DES GENÈSES
Savoir que la limaille pique.
INSTINCT
Humidité indurée des redites.
La parole transie de durillons trace le culte.
La prière « s o l i d i f i e »
COMPACTE   PRIMITIVE
Autour de l'entier
La membrane adoucit la fibre.
L'ondée verbale

TRANSMUTE   la pesanteur

Les lettres des acquêts martèlent
l'hémoglobine
Les alphabets de l'origine vermillent.

Les cellules culturelles saignent
l'animal ;
Les codes de la rareté transmis de
l'animal à l'homme
Érigent une nomenclature pétrifiée.

L'OXYGÈNE ANIMAL PREVERBAL
ANIME
LA   CHASSE
L'INSTINCT - structure figée de
l'assimilation paraphrase.
La mutation inscrit des lettres
cellulaires.
Les cellules verbales délivrent
leurs sécrétions.

Des membranes durcies de peurs effritent
apocalypse……………
La mort hérite l'épuisement des
MANQUES
Les passages à l'humanité cahotent des
halètements

Corps de la prévision rassemblent
poumons, viscères.

BALLOTS SOUS LA PEAU.

Les bipèdes propulsés administrent
répartissent.

La cellule première est fragile
imprégnée d'attentes.
La rareté décentre l'énergie.
Les feuilletés cérébraux enregistrent le
combat.

La langue des faims est duelle.
Les prémisses incarcèrent
Les premiers cercles sont – défensifs -
LA TRIBU EST VISCÉRALE
Elle fabrique…….
Enveloppes de silences
AUX
AGUETS.
Cabriole vertige les pétales d'éternité
lovent
Le bruissement.
Les spirales des chemins s'ébattent se
déplient
Loges de la fulgurance
FÊTE DES CANOTS
La récolte du même rassemble les
brassées
OUÏE cérébrales
Paupières de lumière
DAIS VIOLET

L'IDÉE   palpite.
      CONCEPT   ROTONDITÉ
           Tu sais.
Loin les hybrides crépitent – solidifications
strangulaires -
L'hominien fibre
        La matière……………
 EXCRÉMENT   du vide   tout pour
moi
        Les nombrils pullulent………..
Tribunaux de corps arides
      Juridiction anoxique de la
     coupure
Enfer culpabilité « humaines sciences »
déchiquettent
        La matrice embryonnaire.
HALLUCINATION   UTOPIE
IDÉOLOGIE
      Armes linguales
     INQUISITION   à l'assaut
Boulimies d'anorexies
      Phagocytose surnuméraire
 L'oralité vacante rugit
      DÉMOCRATIE ANALE DES
    NON-VOYANTS.

La plénitude des cerveaux cosmiques est écrouée
dans les
Geôles.

PHILOSOPHIE PANTHÉISME UNIVERSALITÉ ÉTERNITÉ

sont emmurés.

Nodosités   calcinées

                    Venues de
               hasards
Régurgitent l'aire de pierres
      « Poussière   vous reviendrez
poussière ».
Croix   binaires

               Diagrammes
                   Résurrection
Tendons
    OBSTINATION
                Verticalité en exil
       Les tissus se cabrent
Pelletée
       De bosses
   Les messages crus
   ANGE ET BÊTE
PROTUBÉRANCE DU CHIFFRE
    Corps carcan
    Désarticulation
                Sénaire
  RÉSEAU   de
TAUPES
   Essaims de cécités.
Déshydratation.
Le sacrifice.

Un os du bassin recouvrant les viscères.
           La tradition compte
           Immole la dent qui broie
           La foi des hommes feu   bûcher
                   Pactes de déserts
           Les grains arides grimpent les
conciliabules

                    ÉPREUVE
        LE   BÉLIER   CERTIFIE
RATIFIE
           Porte à reculons.

           En quête.
Sur la première couche ils plongent leurs stylets
bulbeux...........
           ECORCES
Des pressentiments
                   De mers verbales
Engendrent les meurtres
               Fibres de phosphore.
Ordre céleste
                    Première tentation
Le fruit de la promesse
       Vociféré

      LA CERTITUDE TUE LE FILS
           Deuxième tentative
               Le cruciféré.

Les réseaux clos labourent le souvenir
    Circuits de feux
    Magmas de bassins
    AMOURS   A PREUVES.

4. Cerveau cortical

Le cerveau cortical
champignon délie
Mygale soliloque des peurs
Mars forge les déluges
Les eaux ferriques polarisent
Ioniennes – deux voix
Fractions.
Les énergies calculent
EN MARGE
Sidérurgie
Chirurgie immole
Taisant l'anomale
Accolade.
Les bruissements cellulaires
défont le
Territoire
Débordant les assignats
Les cancéreuses épellent le fluide.
Module.   Disques
bourgeonnants
Dégoulinent la scolie ventrue.

SEPT   délient la plante.

Maure la cheville palme – courette -.

Tantes « niches de jasmin » cuivres
affine

Les rétines crues……………..

CHARBONNE les propos égaux
titillant la feuille.

ARTICHAUT   violettes.

QUATRE eaux relisent colonnes

Lovée tenues en creux – dure est
molle- .

Dix fronts présentent astrale.

Conduite de voile gargouille   nomme

Voix halée (boutons d'ambre)

Feuilles   centres   œuf.

CLOCHE retroussent

Hippocampe d'oiseau.

Baryton exauce coalescente

Magmas ronfleurs

GAMME sonnante

Laitance moissonnée

Sole de filtre égouttant l'écho.
Cloître.

La trompe aspire les eaux

RANDONNÉE d'organes.

La coquille offerte YOUYOU pages
Cornets « boules de fruits »
              MURE
              Violette l'arête goûtée
Rebondit
              Cabriole
       Les entrailles BASSES cheminent.
Citerne oscillante
              Chair fouillée de rythmes
              L'écorce souffle…….
Ajonc – flottille de lyre
       PARCHEMINE
              Lettre cloquée
       Éveils sifflés
              Scalaire la chaîne assigne

Closerie nimbée
                     Touche
       Accord sismique

Clepsydre
          Seaux fol ourlet
               Dites à loge
                         GARGOULETTE
          Safia
          Coches
     Porte
          Archa
                    De boucles.
     Hile d'o
Hlou (doux)   petites narines trépident.
     Isocèle targette lagunaire taquine.
     Cous des poulettes (barboteuses à
petits carreaux) fuient.
               Sandalie sandalie.
     Petits doigts de poissons jetés en l'air ;
assise la jmenkée
          (   ) met la nappe d'œufs.
     l'aîné coquetier BLANCHE.
     Les cuillerées jaunes, foies.
Ovale câline...............
     La hampe traverse.
                         Mica d'étoiles.
     Pylore gravite 6 cavités.

Écoute

CROCHES au bord
des lèvres.
Levain, l'escargot sourit
La morue soies de la voie
Grasse amarrée.
Hublots
Filandière tamise + -.
Z abrite la lignée a e i o u.

5. *Cerveau cosmique*

Le corps est innocence.

Pourquoi trace-t-il des calculs, des encombrements, des

Engorgements ?

Que nous indique la maladie, la vieillesse ?

N'est-ce pas le symptôme de l'errance du corps, espace fonctionnel

Où les organes, héritiers des échos minéraux, végétaux, animaux

Écrivent leurs territoires, leurs capitales.

Le corps à organes désigne ce qui se montre et ce qui se cache.

Ce qui montre fait taire les peurs abyssales du séjour matriciel.

L'écriture devient manifeste. Elle exhibe, elle s'exhibe.

La performance exige le déploiement de la quantité.

La statistique érige le rythme masculin – épreuve de force -.

Angoisse de « la chute d'Adam », le grand conquérant construit

La possession, la propriété : l'homme sera maître et possesseur

De la nature.

La pratique s'empare de l'être ; le faire, le produire jettent au

Loin *contempler habiter en poète.*

Prouver, démontrer, force, pouvoir.

Le masculin se reconnaît au divertissement pascalien.

L'immobilité lui est interdite. Elle est féminine.

Deux rythmes organiques balbutient -
masculin et féminin -.

Première couche corticale.

Ces bruits de surface méconnaissent le corps
sans organes.

Caresse de la fluidité, dissolvant les
dualismes, contradictions,

Oppositions.

Le corps sans organes vérité de l'éternité
ignore les vocables

Féminin et masculin.

Les rôles de l'ignorance pétrifient les cellules,
les arraisonnent,

Les moulent en sexes, sectionnent
l'androgyne, hydre verbale,

Posant l'homme sur la femme – prise d'otage.

La méconnaissance du corps, née de la mort,
traverse l'histoire,

Les couleurs, les ethnies.

Les constrictions deviennent empires,
s'engouffrant dans la sève

Seiche, asséchée, lancinante.

Les flux recevront des ordres, des
commandements.

Les préjugés se pressent, s'agglomèrent ; leur
glue serre les

Orifices d'argiles éparses :

Tu es poussière et tu redeviendras poussière.

Tel est le cri de la culpabilité stricte.

Tout ce qui est vit, naît, croît, meurt… Alors pourquoi pas nous ?

N'est-ce pas le corps, cet enfer, ce lieu d'incarcération **coupable**,

Qu'il faut punir. « Tu mourras » ?

Asiles de l'interrogation, du doute, des tentations du
            « Poids le plus lourd ».
Pseudopodes grattant la chair : « Les hommes meurent *et* ils
Ne sont pas heureux » écrit Camus dans
Caligula.
Cet *et,* suite logique, addition, soustraction, interroge la cause.
De quoi mourons-nous, pourquoi mourons-nous ?
Nous mourons car nous sommes coupables, rugit l'ignorant
De l'éternité pressentie.
« Tous les hommes naissent ignorants des causes des choses
Et cherchent en même temps ce qui leur est utile » écrit Spinoza
Dans l'appendice du livre I de *l'Éthique*.
La culpabilité est le mot d'ordre de la précipitation, du désir cuit
En cocotte.
Juger avant de comprendre, pêcher avant d'écouter.
La travestologie nous découpe - quartiers de transgressions,
D'ascétisme, de prostitution - telles sont les clameurs des différents
Rythmes masculin féminin.

Les figures ligne, triangle, cercle, spirale définissent désormais

l'homme de la femme interdisant l'unité fœtale.

L'amnésie du cosmos frappe l'homme et la femme de rythmes

Soudés.

Tout se passe à l'extérieur et les entreprises de « comblement »,

De « pénétration », « d'altruisme » se démultiplient.

Le corps - béance - sera dit féminin. Le corps – outil,

Instrument - sera dit masculin.

L'assaut instrument béance plein vide réfute le corps circulant,

L'infléchissant en matière forme contenu contenant.

Cette prescription universalise le corps **mécanicien.** Il s'agit

D'informer le corps de tabous : grognements de la peur, de la

Faim, du manque, de la carence.

Le corps féminin est vide. Le corps masculin écrira sur sa face

Ses bruitages, ses noms, ses doutes.

À   CHACUN   SA   VÉRITÉ.

N'intervertissons pas les sexes, tels sont les oublis humains.

Le masculin doit obéir à la mobilisation ; il n'a aucun droit au

Féminin, à l'immobilité, à l'être-là : il y va du viril dans ses fondements.

La femme vraiment femme se fait réceptacle, attente du viril.

Tels sont les slogans nés de l'ignorance du corps, de la chair !

Homme femme également mutilés, alourdis d'erreurs corticales

Rythmes masculins féminins taisant le mouvement des abysses où

Nous expérimentons que nous sommes éternels.

Détecter le masculin le féminin, les décoder tel est le dire de

L'unité, de la chair qui est.

Être aux écoutes du corps endormi sous la couche corticale

Plonger sans avoir peur dans les abysses, apprendre à écrire

Les nouvelles paroles de la chair innocente
Vouloir pouvoir l'éternité.

Tisser les cellules de l'éternité.

Égrener les métastases asphyxiées de dialectiques, de contradictions, de dualismes.

Dérouler les organes, les déplier

Inscrire l'espace de l'affirmation par-delà l'homme et la femme

Tel est notre devenir, notre joie, car toute joie veut l'éternité.

Deuxième partie

1. *Tout est mère en sépharadie*

La femme sémite rend le culte à la bouche
La bouche tisse la verbale.

LA RACINE

Hors de l'histoire, la juive plie
La parole.
Au bord des oreilles elles lissent les premiers
Cris.

SEPHARADE

Les paniers roulent des sortilèges.
Manger près de la bouche
Le coucou viande fondante.
Terreur de la fibre.
La dentition ne mâche pas

AVALE   AVALE

La mère remplit la cuillère
Enfant ne dis pas ne regarde pas
Tu   je   où   pourquoi
Tu as faim ouvre la bouche.

Kebdi   mon foie.

Le rythme judéo-arabe tait la division

des tâches

    Les mères sourient

             De l'arbre du

          bien et du mal

     La manducation déchiquette

l'origine

     Blottie de la loi de la vie elle

écrit

       LA BOUILLIE

     Pâte alphabétique

Les juifs psalmodient les quêtes

Guettant toute intrusion.

Elles demeurent.

     Cachées elles abritent la

naissance

Matrices d'effluves elles

attendent le

Retour

Moïse sauvé des eaux.

Flottantes les marmites cabriolent

L'écoute

Immobiles le front imprégné du

désert

Les lèvres ont bu la face.

Ceintes les placentas adoucissent le
magma.

De la pierre à l'eau le tagine feuillette
les
Sédiments – règnes.

NOMADE homme penché tu
portes ta tête
Sous le châle.

Mince feuillet pellicule
entourant le
Cerveau fœtal tu murmures le son du feu.
Tu dis les lettres................

Les terriennes un peu
effritées s'appliquent
À construire les commandements.
Les premiers âges se pressent

Cellules du cumul à
la hâte
Échines à ballots tu démultiplies les
Anneaux

Cerceaux de cordon tu
enroules
DIASPORA
Centre de rayons bleu
Sautille la joie de la loi.

Car tu es femme née   EAUX
VOYELLES
    Mijote shabbat sur le cannoun rose
La langue danse danse.
       ÉCOUTE

Arche. Mouton de rondes rouges

DIX DOIGTS

La marque de bête souvient la corne

g r i f f e

La pulpe tribale ne sait pas la fissure-------

Enlacés l'organe appelle l'un.

Les fonctions dissolvent la

chaîne.

LA MÈRE NE SE MONTRE PAS au-
delà de la porte

Sa chair liquide baigne la parole

Ses mains répètent la forme.

Farfouillant le limon les lèvres

caressent

La prophétie.

FEMME EST ÉCRITURE

mutante

Les dieux sont pères – jouant à la surface du

ventre

La tour de Babel.

Cacophonie d'odeurs

Barbouillage du pouvoir le juif orient

Édifie son temple dans l'antre maternel

LA JUIVE ARABE N'ENFANTE PAS
SES FILS

Les textes des garçons respirent la sève
de la mère.

La juive lutine la naissance de l'homme.

PLONGE AUX FLANCS DES
VISCÈRES le masculin

Tète la trituration analphabète.

L'histoire des majuscules est longue et
douloureuse.

Les pieds trébuchent la dialectique,
parcourant en tous sens
Les territoires.

GRIFFONNE de zébrures
christiques, sépharade traverse
L'homme..............
IMMERGE DE MATRONA LE
SÉMITE D'ORIENT IGNORE
Être né

LA MISE AU MONDE N'EST PAS
ENFANTÉE DE LA MÈRE

Ne mâche pas ne coupe pas

OEBLA œufs dans

l'eau

Croques mords

NE MÂCHE PAS de la bête à

l'homme

STATUE DE SEL

Simulacre de la virilité mime du même les pères et les

Fils – échos des abysses – piquent au capital.

L'œil circule dans la bouche

De la tente orientale nulle fascination.

LA   BRISURE N'EST PAS SEPHARADE

 NULLE BRÈCHE   le fils de dieu ne peut Insinuer.

LES PIEDS N'OUBLIENT PAS.

Le serpent glisse l'œcuménisme.

« L'étranger est le même » s'étend à toute

La terre.

BIPÈDE MON FRÈRE DU VERBE réconcilie-toi.

INCARNEZ-VOUS   FILS D'ORIENT Assimile l'hostie pâle.

DU LE TYMPAN DE L'ASSIMILATION résonnèrent - les Camps de concentration - cendre du crucifié -.

Le feu incinère la tentation.

Les enfants de la bouche gigotent de liquide
Amniotique.
DIEU DE LA COULEUR EST FOU   nulle reproduction
ACHEVÉE   le testament ne peut s'inverser.
F A U C H A N T la mère le verbe se fait chair…………..

Les sorcières crachent la mer morte

Le gros sel imprégné de salive crépite le mauvais
Œil.

Inculte du meurtre utérin chaos de la nécessité
L'enfant juif se fait f o e t u s.
Le moi excrète à l'envers. Toute division est superfétatoire
Le gel nucléaire asphyxie.
La structure de l'alliance élit.
Le privatif ulcère.

HÉMORRAGIE des déplacés hors-
texte
GORGES TASSÉES DE SILENCES les
pseudopodes de l'errance
Ruminent.
L'ascète tissu fibreux pétrifie.
LA CHAIR ÉJECTE LE
CHRISTIANISME LE BOUDDHISME.
ENTROPIE VÉGÉTARIENNE............
Involution des fils disséminés.
L'orient marmonne assourdie d'occident.

La métaphore déporte. Tout glissement d'humeur

Rit de soi. L'humour assèche : grain de sable casse

Broie l'embryon.

Le déplacement tribal ne connaît pas l'inversion.

Le détour ne rode pas.

L'HÉMOGLOBINE SEPHARADE EST SOLAIRE

Nul clin d'œil à la lune.

La grimace terrifie.

La maladie la souffrance la mort

sont maudites.

OCCIDENT DÉGLUTIS LES DÉTRITUS DE L'AMBIVALENCE HUME LES GAZ DE LA DUALITÉ.

Le feu de la faille consume la rédemption hallucinatoire.

L'inconscient décode la « faute » des mères

Sublimation sous le seuil.

La cécité simule.

Le symbole refoule.

Traduire dresse la profanation.

97

Langue à blessure : stigmates coagulants
CIMENTE L'ORIFICE
GRAFFITIS du chiffre

Le sens du sens est anamnèse de bas en haut.

Métamorphose amnésique cahotant la dérive de l'oubli

La culture trébuche la poussée antrale.

L'occident évide. AU-DELÀ DE LA PORTE.

Le bruitage c o m m e n c e

AU DÉBUT LE TEMPS. Éléments hagards.

La dislocation déprend.

ENGORGEMENT ÉRAFLE.

Symbole   Métaphore   SYMPTÔME

Il s'agit de débusquer   guérilla de lyses

Tout commence à la naissance manifeste latent

DÉPLIEZ-VOUS............

Annelée la chair sépharade psalmodie le fœtus

Océanique.

La tradition porte.

L'UTÉRUS AVANT LE LIVRE

Balbutie la reproduction.

CA JUDÉO-ARABE touches ouvertes

Sommeille le sourire du cosmos.

SÉMITE EST EUPHORIE.

En deçà du débranchement la table sépharade
Chante la certitude messianique
Portée de savoirs tête grouillante de savoirs
Elle chasse le doute.
Le saint des saints est.

Au-delà de la mère l'homme construit son
antre
Le four crématoire recollecte
l'inquiétude
Strabique.
L'œil sépharade. Iris marin
Cristalline.
Le sépharade dort dans la mère.
LE VOYANT ELOHIM.
ŒDIPE N'EST PAS J .U . I. V .E.
La force de la joie du mot est intacte.

Nul voyeurisme.
La tribu roule roule ses eaux.
Delà les mers déversement tentaculaire.
L'humour commente la tragédie du fils.

LA CÈNE engendre la déportation.
L'ŒDIPE JUIF S'ÉCLABOUSSE DES eaux
mêlées

Tout mélange est cendre.

La plongée baptismale du juif est
fatale.

Le camouflage de l'archaïsme
sphinctérien.

LA TRANSGRESSION N'EST PAS
SEPHARADE.

LE LIVRE DU CA EST HUMIDE.

Toute dispersion scande la croisade de
l'inconscient.

L'induration se dénouera à la surface ; le
fouillis sera

Assigné à la démonstration virile.

La preuve multiplie les camps de la coupure.

L'inconscient se veut civilisé.

« Tout individu est virtuellement un ennemi de la
civilisation »

Inscrit le fils contre la mère.

L'occident digère hors de la bouche.

Les cellules de la coupure empoisonnent
les palais.

La faim est béance.

Le sarcome stocke les oublis.

La lyse de la mère creuse l'enfance.

La psychanalyse civilise les flux
tribaux.

Les mères désarticulées traînent les
cordons du fils.

Sous la tenture le tam-tam bat le rythme.

La mère initie.

Immobiles, les enfants sépharades oublient de grandir.

Le fils et le père se défont de naître.

En deçà de tout projet ils savent la demeure.

Les hémisphères tintent.

BOUSSADIA truculent palpite l'enfant.

L'Afrique éclate.

La croupe arrondie répète le temple.

L'anus est la bouche.

Cueillies de l'un les boucles attestent.

La spirale croustille le sein.

LA VORACITÉ ne croasse pas la dentelure sémite.

Chatoyées d'orient les joues tapotent l'aliment.

CROQUER LA MÈRE à petites bouchées Dégouline l'éternité.

OS A MOELLE aspire.

Rituelle cannibale l'incisive tue.

La molaire cuit le cru.

Le sépharade apprend dans la paume.

Le triangle n'est pas la trinité

L'olfaction est innocente.

Le père et le fils barbarie occident.

Tout est mère en sépharadie.

L'écart est grelot.

La cicatrice harcèle le moi.

La prothèse légifère l'anatomie.

Strie effaçant la trace, l'inventaire suce le

Sang du nouveau-né.

Le diagnostic sillonne le corps

La liquidité sera morcelée : orale anale la fonction

Est meurtrière.

L'occident mugit la terre.

L'expulsion déconnecte ; la surface mire la naissance.

La bouche d'orient sera

tue.................

ÉTANCHE les sépharades coulent.

Les phallus à mères…

La castration éjecte le crucifié

La gargoulette porte la loi.

Le sépharade pressent le silence des mères.

O A S I S.

Tubercule irisée de papilles le poumon éclôt.

La lave respire.

De la mer à la lettre la bosse écoule le sable.

Le minéral se teinte.

Pages d'onde le sabot n'enfourche pas.

Gravées de dites le sacrum articule la racine.

Sépharadie de miel avant le dard.

L'ignorance grille.

Claudicant la consonne la langue grommelle.

Treillis de limaille le verbe se fait chair.

Vrombissement ferreux la mer se terre.

L'occident déboîte.

SOURDES les vertèbres sépharades contemplent

Miroir sans image la mémoire délace

Courbe ouverte la mère délie.

Élue vibrant la juive démet le simulacre.

La portée d'orient tait l'éternité

De la mère à la chair

La loi écrit la femme.

2. *Du sacrifice à la prophétie*

Ils ont vu la mère.

Enzymes festives bordées d'antres.

Construire les sentes arborescentes de la nécessité.

Pulpe du oui.

Caresses de l'apesanteur, coulées de mots.

Le cerveau sautille la promesse.

Tu es poussière et tu redeviendras poussière

Si tu manges à l'arbre du bien et du mal.

O balbutiements, émois, errances, halètements

Des premiers surgissements.

Des terres, minerais, eau, les figures tâtonnent les faims.

Les soifs s'essayent.

Les éclats de rire, les rumeurs, les bruits arraisonnent

La matière, les corps.

Ils ont figé les quêtes.

Hachurant les déserts, porteurs alourdis de
survie,
Ils guettent.
Peurs archaïques, besoins gloutons
Enfances arrimées
Chars guerriers aboyant les premiers
vagissements.
Mémoires de sang rythmant les premiers
hommes,
Tourbes des cerveaux naissant, l'espèce
Rumine   crachote   cannibalise.

La poussière s'organise, se stratifie.

De   la   mère   à   la
naissance
Le cordon

Le quadrupède s'allège.
Étincelles des compréhensions

Digitales   ludiques   tracent   des   signes.

L'arbre de vie, le face-à-face : l'homme l'a brisé.

De désespoir, de colère.

Car ils se prosternaient devant le veau d'or.

Le messager n'a pas su porter la vie,
                                        L'affirmation,
                              la joie.

Tu es poussière et tu redeviendras poussière.

La brisure de la loi de vie est celle du premier Transcripteur.   Voir.

L'intolérable présence hurle l'excès
        Les débordements ignés ne peuvent la lumière.

Les cellules s'essayant à « la verbe » étaient-elles préparées,

Avaient-elles la trame de la fluidité ?

Les échos des peurs, des survies ne peuvent résonner

Que les éclats, éclaboussures de terres.

Dentelures animalesques, pédestres, tombées

De naissance.

Ceux qui se prosternaient, veaux
d'or, tissus mélangés,
Proportions lourdes des pesantes.

Phares des terres, lumière dorée.
L'or des mortels psalmodie
  « Tu es poussière et tu redeviendras poussière »
La peur de manquer cajole les raretés
                « geôles cérébrales »
                Circuits terreux fixant la
          possession.
Le messager s'embrase lui-même.

          L'arbre de vie est la loi.
Briser la table sources incendiaires du souvenir
          Grottes de feu défont la traversée

Les cellules de chair de la naissance à la mort
                Ne saisissent pas
          le face à face.

La genèse de la poussière, rondes de
l'éternité.
La genèse des vivants traverse les
essais
moléculaires, synaptiques.
Floraison des possibles,
Essais, cellules, feux, eaux de la diaspora
Loin de la fixité.
Dans les alambics de l'ère messianique
Les traces fœtales tissent les lumières de
l'immobilité.

Les errances, les souffrances sont ignées.
Les sacrifices.
Les lombaires brûlent.
Fusions clamées du
tout.
La mutilation
sacrificielle
Est embrasement corporel.

Le corps des messagers n'a pas
encore secrété
Les substances de la dissolution.

Une goutte d'éternité, anamnèse utérine est la sente,
Mais les messagers se retournent.

Les nostalgies de l'antre conduisent les exils.

Les coupures, les morts, les destructions.
L'exil dit « tu es poussière et tu redeviendras poussière ».

La puissance de l'exil est celle du ressentiment devant
La naissance, l'encombrement du cerveau par des produits
De terreaux.

La naissance est l'aube fœtale.

Affolée d'unité, de couleurs, de sonores

Les cellules aériennes lovées, dissoutes

Dans l'antre défont les embrasées de terre,

De fer, d'or.

TOUT SACRIFICE EST FIXITÉ CÉRÉBRALE

Joie de
tourbe
TOUT SACRIFICE EST POUVOIR MIMÉTIQUE D'ENGENDRER.

Le sacrifice est le mime maternel.
    Regarder l'antre est solidification des
    flux.
TOUT SUICIDE EST ÉCRIT
D'OPACITÉ
                De feu lourd
        Meurtre
    Mémoires sanglantes, terreuses.

Élues cellulaires.
    De l'arbre de connaissances, les tris, les
    tamis
    Tombent les lourdes, les pesées minérales,
        Végétales, animales.

La parole de vie dit
        Tu es,   a été poussière,   tu es
    encore poussière
    Et……………...

            La vie est éternité.

La colonne pose le sacrum. La poudreuse
Transparente fibrillonne dans le fer.
   Les émissaires crayonnent.   Rouges.
       Le Sacrifice, cendres rougies aux
mamelles
Dit la césure.

Regorgées de naissances, tout immole.

Nervures élancées, étincelles.
Nuits utérines, closes gerbes d'holocaustes.
Reflux.

Du père au fils, du fils au père,   exténués,
Les frémissements s'entortillent de morts.

L'anneau ouvert recueille les émises.
La dissolution de l'arbre, ils le suspendent.

O feux   sans eaux ont-ils vu ?
          Brûlent-ils ?
Ils consument leurs sexes.
          Ont-ils terreur des nocturnes ?

     Que tracent leurs sentes ?
L'écriture de morts est-elle embrasement ?
Des vibrions tournoient sur eux-mêmes

          Ils ne peuvent passer au-delà.
Langues asséchées tracent les signaux.

Transgression. Agonie. Amour. Mort.
L'écriture jaillit de l'os du bassin.

L'oreille double, espaces de voix
    L'unité des coursiers.
              Foisonnent les voyelles

    Suavité, succulence de la prophétie.

Les grappes d'éternité délient

     Euphories Synaptiques.

Filtres immortels des substances ailées.

Troisième partie

1. *Péché et finitude*

Le péché : ruse géniale de l'humanité pour supporter sa finitude ? (Gn 2, 17)

Pourquoi le péché, la culpabilité sont l'impensé radical

Dans la pensée juive ?

Cette « *innocence* » s'inscrit et nous donne ce merveilleux programme.

Dieu nous propose un programme lumineux.

« Elohim dit : « Nous ferons Adâm - le Glébeux -

À notre réplique, selon notre ressemblance. » (Genèse 1 verset 26)

Ce programme est contentement pour Elohim.

« Elohim voit ce qu'il avait fait, et voici : un bien intense. »

(Genèse 1 verset 31).

Comment pourrait-il en être autrement car Dieu est la vie,

L'arbre de vie.

À la réplique de Dieu, à la réplique de « **la vie** ».

Non à la réplique des vivants ; non à la réplique d'Adam et

Ève.

Adam et Ève sont des humanoïdes, mémoires minérale, végétale,
Animale.

Balbutiant leur humanité naissante.
À peine dressés à la verticale, ils
tâtonnent, errent…
Comment survivre ? ?

Voici qu'ils entendent
«… mais de l'arbre de la connaissance
du bien et du mal,
Tu ne mangeras pas,
Oui, du jour où tu en mangeras, tu
mourras, tu mourras. »

Pauvres Adam et Ève ! Comment
décoder tous ces messages ?
Comment les intégrer ?

Nous, à la verticale, bénéficiaires de
tous les acquis depuis
Adam et Ève, nous pouvons écouter ces
paroles.

Que comprenons-nous ?
Il n'y a pas d'arbre de mort : la mort
n'est pas inscrite dans
« À la réplique de Dieu ».
La mort n'est pas une fatalité, un
destin.

OUI, DU JOUR OU

N'est-ce pas une *conséquence* de « tu mangeras, tu mangeras ».

Comment savoir ce qui est bon, ce qui est mauvais ?

Les humanoïdes tâtonnent, expérimentent, touchent,

Goûtent, jettent, rejettent.

Tel est le long chemin de l'apprentissage.

Il faut apprendre à vivre.

Comment savoir ce qui convient à ma puissance d'être,

ce qui la fortifie, ce qui la diminue ?

Nous trouvons l'indication la plus précieuse qui soit dans

Le lévitique (19 verset 18)

« *Aime ton compagnon comme toi-même* »

Le cœur du judaïsme est d'être à l'écoute de **soi** avant

De s'autoriser, de se permettre d'aller vers autrui.

Le judaïsme n'enseigne pas l'ivresse d'autrui, contrairement

À Paul qui proclame dans la première lettre aux corinthiens

(10 verset 24)

« *Que nul ne cherche rien pour soi, mais pour l'autre* »

Pourquoi le judaïsme résiste-t-il avec tant de ténacité

D'arrogance au *traitement* de la finitude par le cadet ?

Quels sont les ingrédients du traitement de la finitude

Par le cadet ?

1 La mort est destin

2 La mort est la conséquence de la faute d'Ève plutôt

Que de celle d'Adam d'où l'Assomption de la vierge.

3 La mort est surmontée **dissoute** à travers Jésus qui

Accomplit la mutation en un instant, en un clin d'œil, comme

L'annonce Paul dans la première Lettre aux Corinthiens :

15. verset 52

« En un instant, en un clin d'œil, au son du shophar ultime

- Oui, il sonnera, le shophar-

Et les morts se réveilleront incorruptibles, et nous serons transformés ».

Paul n'a pas oublié l'annonce de la Genèse

1. Verset 26
   « Elohim dit : « Nous ferons Adam -
   le Glébeux —
   À notre réplique, selon notre
   ressemblance ».

Jésus, par de la croix, réalise le projet
divin.
Jésus Christ nous « immerge » dans
l'incorruptibilité,
   L'immortalité.

Elohim annonce à **l'aîné** son projet.

Le **cadet** assume sa pleine réalisation

La première Lettre aux Corinthiens l'affirme.

1. Verset 54

« La mort a été engloutie   dans la victoire ».

Le chemin est accompli.

Tant pis pour l'aîné ou tant mieux s'il refuse

Cette délivrance, cette victoire sur la mort !

Mais que cherche donc à montrer le verset 17, du chapitre I

De la Genèse : « oui, du jour où tu en mangeras, tu mourras, tu   mourras ».

Que veut nous transmettre la parole d'Elohim ?

La mort n'est pas une fatalité ; elle n'est pas définitive.

Les biologistes savent le poids des multiples contextes,

Environnements, sur nos gènes – l'épigénèse -.

Le corps a une histoire ; le corps **est** histoire.

La mortalité est un moment de l'évolution.

Le sixième jour n'est pas le dernier mot de l'évolution,

De la création.

Nous avons à édifier le « SEPTIÈME » jour dont nous

Goûtons dès à présent les arômes.

« À la réplique de Dieu » est notre voie, la voie des

Vivants allant vers la vie, car **Dieu est vie.**

La force du judaïsme est cette certitude.

Les vivants se transforment, mutent. Ils sont happés

Par le 7e jour.

Aujourd'hui, plus que jamais, la parole juive est entendue,

Même si elle n'est pas interprétée toujours de manière

Adéquate.

Je veux parler ici du projet « Trans humaniste » qui veut

Débarrasser l'homme de la douleur, de la maladie, de la

Vieillesse, puis de la mort. Il a entendu « A la réplique de

Dieu », mais il ne s'agit nullement, selon moi, de – l'homme

Augmenté - dans ses performances.

Il s'agit de se brancher sur l'arbre de vie qu'à juste raison

Dieu a fait garder.

Le judaïsme sait qu'il faut du temps pour se transformer.

Qu'est d'autre l'étude sinon la mise en pratique de tout

ce que nous apprenons.

Quelles sont les substances à digérer,
pour *cheminer* à la

Réplique de Dieu ?

Ma conviction est celle-ci :
Certaines valeurs furent
opérationnelles, stratégiques.
Elles nous permirent de supporter, de
faire avec

La tristesse, la mélancolie, la nostalgie, l'exil,

La délectation morose ont été des accommodements.

Des ruses qui nous ont permis de SURVIVRE.

De même la compassion n'est pas une vertu, mais un
« Déclic émotionnel ».

Seule « La joie d'être » qui irradie et qui veut la joie de
Chacun est la substantifique moelle qui nous conduit à
La réplique de Dieu.

Je n'ai pas traité du péché dans le judaïsme, car il n'existe
Pas. L'aîné ignore le péché.

Certains diront que j'ai escamoté le péché mis en exergue
Grâce à la liberté de choix.
Ève a obéi au serpent

Le choix n'est jamais une liberté.
Il est une manifestation de notre
ignorance.
Nous choisissons tant que nous
ne savons pas vraiment
Ce qui nous convient.
La liberté de choix, inscrit,
s'inscrit dans la saveur fétide
De la culpabilité, du
déracinement.

Nous devons extraire toutes ces
toxines dans le
Grand tamis de la vie qu'offrent
les versets de
La genèse à l'humanité.

2. *Vers l'éternité*

Nous sommes fascinés aujourd'hui plus que
jamais par ce

Pouvoir chirurgical, thaumaturge qui nous
promet la fin de la

Souffrance, de la vieillesse, qui a l'audace
d'annoncer la mort

De la mort.

Effroi devant ces promesses, émerveillement,
applaudissement,

Enthousiasme ?

Pour la première fois dans l'histoire de
l'humanité, ces annonces

« Paradisiaques » s'inscrivent non dans un
« au-delà » hypothétique

Mais bien aujourd'hui, demain au plus tard
sur notre terre.

Ce projet est celui que l'on dit être des
« Transhumanistes » qui

Traverse, qui est au-delà de l'humanité.

Quel est ce désir qui habite, qui gronde, qui
rugit dans les cerveaux

De certains biologistes, informaticiens et
autres ?

S'agit-il encore et toujours de « volonté de
pouvoir », d'exceller

Dans les espaces de concurrence ?

Pour qui, pour quoi, vers qui, vers quoi ?

S'agit-il d'une nouvelle manifestation de la
conviction d'Hobbes :

« L'homme est un loup pour l'homme » ?

En quoi ce projet Trans humaniste peut-il nous concerner,

Encore moins susciter quelque forme d'émerveillement que ce soit ?

Pourquoi l'être humain devrait-il aspirer à autre chose que

Sa condition humaine ?

Certes, la douleur, la souffrance peuvent et doivent être éliminées

Nous ne sommes plus convaincus aujourd'hui par les versets

Bibliques : « Tu enfanteras dans la douleur.

« Tu travailleras à la sueur de ton front ».

Arrêtons-nous à ces deux versets !

N'y a-t-il pas lieu d'admirer, de s'émerveiller devant l'intelligence

Des humains qui produisent des principes moraux qui ne sont

En réalité que des « STRATÉGIES » ponctuelles, historiques, conformes

À nos ignorances, à nos impuissances du moment ?

Ce que le proverbe populaire inscrit en cette formule « faire de

Nécessité vertu ».

N'est-il pas admirable, pour continuer de survivre de produire

Des **outils** qui résistent à la désespérance.

Outils des humains que nous vîmes émerger dans la genèse au sixième

Jour de la création, de l'évolution.

Comment ne pas s'émerveiller, ne pas clamer notre infinie

Reconnaissance à ces « *glébeux* » enduits du minéral, du végétal,

De l'animal, *embryons humanoïdes* qui résistèrent aux événements

Cosmiques, et qui traversèrent ces temps, ces lieux dont nous
Sommes les héritiers !
N'est-ce pas cette pulsion de vie, ce conatus qui a animé, qui anime
Les humains.
Continuer de vivre, améliorer sa vie, alors que nous sommes voués
À la finitude, n'est-ce pas l'occasion de s'émerveiller de cette humanité

Nous avons inventé les religions, les philosophies, les sagesses,
Les arts, pour nous consoler nous octroyer des
« immortalités »
Actuelles ou à venir.

Nous ne céderons jamais !

La science se veut encore plus opérationnelle. Elle est convaincue
Que nos rêves d'immortalité peuvent se réaliser.
Qui voudrait être immortel ? Dans quelles conditions ?
Toute vie vaut-elle la peine d'être vécue ?
N'importe quelle vie ?
À n'importe quel prix ?
Questions foisonnantes, inquiétantes, qui bousculent toutes les
Traditions qui occultaient la puissance du corps au nom d'un esprit
Incorruptible.

La grande nouvelle est cette écoute du corps
grâce aux progrès scientifiques, technologiques.
Prothèses, greffes,…….
Si nous pouvions vivre le plus longtemps, en
forme !
Corps prothèse, corps greffé ! Qu'importe !
  Ne pas mourir ! tout de suite plus tard, jamais !
La mort de la mort, ce projet, pour ne pas dire ce
programme
Que concoctent dans certains laboratoires, sur
certains campus
Nos « Transhumanistes », doit-il nous terroriser ou
au contraire
Nous subjuguer, nous émerveiller ?
De quoi s'agit-il ? Du corps certes.

CORPS AUGMENTE. CORPS AMÉLIORE.

Quels en sont les critères, les indices ?
Nous demeurons toujours dans l'espace de la
performance ; au nom
de cette performance, tous les moyens sont bons.
Efficacité pour tous, pour quelques-uns, pour
chacun ?
De nouveau, et toujours « inégalités ».
Les perdants resteraient donc mortels, les gagnants
deviendraient
Immortels.
Les riches auraient plus de chance de devenirs
immortels, les pauvres
Resteraient mortels.
N'y a-t-il que cette lecture défaitiste de ce projet
Trans humaniste ?
Et si chacun, chaque être humain pouvait être
augmenté ?
Parfait ! Mais y aurait-il assez de place pour tous
nos immortels ?
Laissons ces débats aux Transhumanistes.
Retenons ce qui les habite : « La mort de la mort ».
Ce désir d'immortalité traverse toutes les cultures.
Dans *Le Banquet* de Platon, Diotime de Mantinée
dévoile
Ce désir d'éternité blotti dans toute quête
amoureuse.
De même dans le récit de la genèse Dieu ne plante
que deux

Arbres l'arbre de la connaissance du bon et du mauvais autour
Duquel nous rôdons encore aujourd'hui, un peu moins ignorants
Qu'Ève et Adam et l'arbre de la vie gardée par les chérubins en
Attendant que le corps de ces émergents du sixième jour s'enracinent
Sur l'arbre de vie.

Où se cache l'arbre de la mort ? Il n'existe pas !
Que se passe-t-il donc dans ce merveilleux récit de
la genèse ?
On entend des rumeurs qui chuchotent : péché,
faute, libre arbitre,
Ève enroulée autour du serpent, Adam absent,
endormi.
Ces rumeurs ne s'inscrivent nullement dans ces
versets.
Dieu dit simplement :
« De tout arbre du jardin, tu mangeras, tu
mangeras,
Mais de l'arbre de la connaissance du bien et du
mal,
Tu ne mangeras pas,
Oui, du jour où tu en mangeras, tu mourras, tu
mourras. » (Jardin en Éden
Versets 16 et 17).
Dieu serait-il Transhumaniste ? Les
Transhumanistes ont-ils écouté
Cet avertissement ?
La mort n'est pas inscrite dans le projet divin.
La question jaillit dans toute sa force : de quoi
mourons-nous, de
Qui mourons-nous ?

S'il n'y a pas de pulsion de mort, si la mort n'est pas le destin de la
Vie, alors nous bouillonnons, émerveillés par cette anamnèse
Biblique.

Le corps traverse l'histoire, le corps n'est pas figé.

Ne sommes-nous pas encore à l'état embryonnaire ?

Vers où désirons-nous aller ? Vers la VIE.
La vie concerne chaque être, d'où qu'il vienne, où qu'il soit.
L'amour de la vie constitue chacune de nos cellules.
La vie sans mort nous habite.
Que de sacrifices, de morts au nom de ce désir d'éternité !
L'inversion elle-même est pleinement significative

Faut-il **se limiter** aux exploits technologiques, intelligence artificielle
Puces…..
Intégrons ces merveilles technologiques. La technologie est au
Service de la vie et non de la mort.
    Nous sommes en pleine mutation !
Nous devons comprendre que nos stratégies pour résister à notre
Finitude : accaparement, tout pour moi, « money money » volonté de pouvoir
Écraser autrui pour se sentir exister sont dérisoires et ne peuvent
Mener qu'à des destructions réciproques.
Nous avons les outils pour édifier de nouvelles manières d'être, de penser,
D'exister.
Ensemble. Chacun dans son être, sa singularité, son expression propre,

En mettant tous nos acquis en commun, en filtrant
nos cultures,
En extirpant nos pollutions meurtrières, nous
édifierons notre
Devenir qui n'est plus celui de l'humanité du
sixième jour.
Comment ne pas concourir, courir ensemble,
chacun avec ses virtualités
Vers ce corps vibrant de joie, vibrant d'éternité.

O émerveillement du septième jour !

3. *La joie parfaite*

Camus, dans *Caligula* écrit : « Les hommes meurent **et** ils ne sont

Pas heureux ».

Meurent-ils parce qu'ils ne sont pas heureux ?

Sachant qu'ils sont voués à la finitude, ils ne peuvent pas être heureux !

Comment n'ont-ils pas l'intelligence d'être heureux, sachant qu'ils sont

Mortels ?

D'emblée l'association « bonheur finitude » forme le couple indépassable,

Incontournable lorsque nous nous interrogeons sur le « bonheur », sur sa

Possibilité.

Nous ne confondons pas le bonheur et la joie.

La conscience de notre finitude est-elle un obstacle à la possibilité de la joie,

De nos petites joies, de nos petits instants, ou constitue-t-elle plutôt le

Piment de notre joie ?

Tel est le sentiment **tragique** de l'existence qui *seul* peut donner du goût,

Du piquant à notre vie.

 C'est parce que nous sommes mortels que nous pouvons apprécier la vie,

Lui donner sa qualité, son **intensité.**

Cette conception prend toute son acuité dans la position d'Heidegger qui

Définit l'homme comme *« un être pour la mort ».*

Qu'en est-il lors de ce coup de tonnerre que fut le monothéisme ?

Le judaïsme construit le divers plongeant ses branches, ses ramures

Dans l'arbre de vie.

La genèse met en scène l'arbre de vie dans le jardin d'Éden.

« Dieu » ayant produit ces cinq premiers jours, contemple sa production

Et dit « TOUT EST BON ». Il ose dire tout est bon.

Dieu serait-il *autiste* ? Ne voit-il pas la réalité humaine, la souffrance,

le labeur ?

Le judaïsme sait que le « tout est bon » proféré par Dieu ne peut être

L'actualité, le présent de l'être humain.

Que signifie pour nous « Tout est bon » ?

Du point de vue de Dieu, il n'y a pas de négatif, de tragique.

« Tout est bon » pourrait signifier tout vaut la peine d'être vécu ; allons plus

Loin « Tout est joie ».

Joie, sentiment, vécu de bien-être, d'exaltation, de puissance, d'expansion.

Tout est joie nous dit Dieu.

Comment, conscients de notre finitude, pouvons-nous dire avec Dieu tout

Est bon, tout est joie ?

Demandons à ce Dieu pourquoi a-t-il produit la mort, la finitude qui nous
Empêche d'être heureux comme dit Camus.
   Mais la Genèse n'a jamais écrit que la mort était inscrite dans la vie

Elle nous parle de l'arbre de la vie, de l'arbre de la connaissance du bon
  Et du mauvais.
À aucun moment, la genèse n'évoque l'arbre de la mort.
(Jardin en Éden) 2,16-17. André Chouraqui.
« De tout arbre du jardin, tu mangeras, tu mangeras,
Mais de l'arbre de la connaissance du bien et du mal,
Tu ne mangeras pas,
Oui, du jour où tu en mangeras, tu mourras, tu mourras. »
Que peut signifier cette annonce, cette déclaration ?
La mort ne serait pas génétique, inscrite dans la vie. Elle ne serait
Qu'une **_conséquence_** de causes multiples, diverses que nous ne
Pouvons connaître au moment de l'émergence des premiers humains
Que sont Adam et Ève.
Nous ne pouvons pas, nous ne devons pas occulter cette merveille

« IL N'Y A QUE LA VIE »

Ces paroles ne constituent-elles pas la certitude de la joie, l'unique
Joie qu'on peut appeler Joie Parfaite.
Il ne peut y avoir d'augmentation, de soustraction à cette joie parfaite.

Elle est à la réplique de Dieu, elle est l'expérience
divine de Dieu lui-même
Lorsqu'il s'écrie tout est bon.
Tout le judaïsme n'a qu'une voie, une voix qui
s'exprime magistralement
Dans la pensée de Spinoza au XVIIe siècle :
L'essence de l'homme est la joie.
Mais que signifie Joie ? Ne se comprendrait-elle
qu'accouplée à son contraire

La tristesse ?

La joie serait la cessation de la tristesse.

Il faudrait passer par la tristesse pour pouvoir apprécier la joie.

La dualité est-elle consubstantielle à la possibilité de la joie, de

Certaines joies, de la joie parfaite ?

Pourquoi la joie plutôt que la tristesse ?

Que poursuivons-nous ? Que poursuit le judaïsme quand il insiste sur

La joie qu'il inscrit dans ses fêtes, dans ses rites (sauf celle du grand pardon)

Dans ses rites dont l'excellence est la joie de la Tora où tout le monde

Danse en portant les tables de la loi.

La danse exprime la joie dans toutes les fibres de son corps.

Le corps participe à la joie.

Il n'est pas maudit « cette masse de boue » dont parle Pascal dans les

Pensées.

La joie est entière, elle prend tout l'être. Le corps est joie. Le corps connaît

La plénitude.

L'âme est l'écriture du corps.

L'âme triste dit le corps triste le corps triste dit l'âme triste.

L'être est un, une unité, ce que confirment les sciences aujourd'hui.

Mais n'éludons pas notre interrogation.

Pourquoi le judaïsme, Spinoza insistent-ils tellement sur la nécessité de

La joie et sur l'urgence de déconstruire toute tristesse ?

Dans la tristesse, l'être se rapetisse, se réduit ; cette réduction pouvant

Aller jusqu'à l'annihilation de son existence

N'oublions pas ce merveilleux cadeau que nous offre la genèse :

(Lévitique 19,18) « COMPAGNON COMME TOI-MÊME »

En étant triste, je projette sur autrui mon vécu de petitesse, de négation.

Dans la joie, j'ai le sentiment d'exister, de valoir quelque chose, d'être

Reconnue.

Ainsi la joie nous prépare-t-elle à reconnaître autrui dans sa valeur, sa

Singularité.

Mais de quelles joies parlons-nous ? Y aurait-il des degrés, des stades dans

La joie ?

La joie d'avoir réussi à l'emporter sur autrui, joies si familières, si valorisées

Aujourd'hui dans ce monde de compétitions

éliminatrices comme s'il n'y

avait pas de place pour chacun.

Comme s'il fallait toujours couper à la lamelle
humains entre perdants et
gagnants.

GAGNER QUOI, PERDRE QUOI ?

Cette question essentielle est rarement posée.
C'est autour de ces quoi, ce quoi dirais-je plutôt,
que vient prendre toute la
Saveur de la joie parfaite.
Les joies des réussites par rapport aux autres
donnent une valorisation
Momentanée, circonstancielle.
Ces joies sont éphémères, dépendantes des lieux,
des temps.
Ces joies donnent l'illusion d'échapper à notre
condition humaine,
notre condition mortelle. Nous voulons à tout prix
laisser notre trace
À n'importe quel prix, par n'importe quel moyen,
aujourd'hui encore
plus qu'hier.
D'où cette course folle pour se sentir exister
sous et uniquement sous le
regard d'autrui.

De quelle joie parlons-nous lorsque nous évoquons
la « joie parfaite » ?

La joie qui ne dépend ni du lieu, ni du temps, ni des autres.

La joie de Moïse quand il reçoit les premières tables de la loi, d'Isaïe…

La joie de l'arbre de vie.

Dans la joie nous expérimentons que nous sommes éternels (Spinoza).

La joie qui nous dit notre éternité est ouverture, rayonnement, partage,

Transmission.

Cette joie parfaite est exigeante.

Elle exige la joie pour chaque être humain.

Elle est la clef de voûte de l'Éthique, de la justice.

La joie parfaite indique le chemin de l'humanité vers la réunion des diversités

Au sein de l'unité de l'arbre de vie.

Elle est dépliement, ouverture, bénédiction.

Quatrième partie

1. **Laboratoire d'une âme pour l'Europe,**

d'une mondialisation réussie

Je ferai une distinction entre la notion de globalisation et de mondialisation.

Globalisation impliquerait la soumission à un modèle auquel toutes les

individualités, nationales, étatiques devraient se soumettre.

La mondialisation est un concept d'ouverture. Elle est à édifier, à élaborer

À construire.

Qui sont les auteurs de cette mondialisation ?

Chaque singularité. Je n'emploie

Pas le mot différence qui vient du mot latin « ferro » je porte. Or différer

C'est proprement ne pas se ressembler.

Les différences relèvent d'un constat blanc jaune noir femme homme…

Nous ne pouvons avoir l'ambition de construire la mondialisation en se

Contentant de rassembler ces différences qui ne relèvent que de la description.

Or notre projet est de contribuer à la mondialisation, et comme l'exige le

Titre une mondialisation **réussie.**

Nous savons d'emblée que cette mondialisation ne peut être *soumission* à

Un modèle, à une nation, au type d'économie dominante. Donc nulle

suprématie d'un modèle sur un autre.

Tout est à inventer.

La mondialisation réussie sait que le futur n'est pas
la reproduction du passé
Et qu'elle n'est pas non plus rupture avec le passé.
Comment construire un « futur réussi » en ne
rompant pas avec le passé ?

C'est en écoutant cette problématique si ample, si délicate que ma lecture
singulière de l'Ancien Testament peut m'aider à y trouver des ingrédients, des
substances nourricières d'une mondialisation réussie.

Si je me réfère aux premiers versets du récit de la Genèse, j'apprends que
les humains qui émergent ne sont pas **le tout** de la création. Non !

Adam et Ève sont des embryons d'humanité, ce que j'aime nommer
humanoïdes. Ils ont à se construire, à cheminer.

Mais vers qui ? Vers Quoi ?

Vers où ?

Autant de questions qui sont posées par ces premiers versets. Sommes-nous
« jetés » dans le monde, dans une contingence totale ? L'humanité est pur
hasard ; elle aurait pu ne pas exister, ce que certains développent autour
de la notion d'absurde. La vie est absurde ; elle n'a pas de sens…

Cet absurde prend toute son amplitude quand ces créatures du sixième
jour entendent (je ne dirai pas) écoutent la menace de Dieu : « si vous mangez
de l'arbre de la connaissance du bon et du mauvais, alors vous mourrez ».

Il va de soi qu'Adam et Ève ne pouvaient écouter, intégrer ces paroles.

Dieu nous a-t-il créés pour se jouer de nous, par volonté de pouvoir, par

sadisme ?

Question d'autant plus insidieuse qu'il s'écrie
« Tout est bon ».

Faisons confiance à cette parole, et essayons de savoir quels sont les enjeux

de cette apparition des vivants du sixième jour.

À la question de la contingence, de l'absurde, nous pouvons déjà réfuter
Ces deux notions. Il semble y avoir une
« nécessité » à cette émergence
des vivants du sixième jour, du point de vue de
Dieu ; de même du point
de vue de l'évolution.
Comme nous l'apprend le début de la Genèse, il n'y a pas de rupture,
Entre le premier jour et le sixième jour.
Nous, enfants d'Adam et Ève, sommes les
résultantes des premiers jours.
Nous sommes faits de la même substance ; ce que confirment aujourd'hui
Les scientifiques. Nous sommes enfants des étoiles.
Le judaïsme parle-t-il autrement lorsqu'il proclame
le « monothéisme » ?
Il met l'accent sur l'un, l'unité.
Nous venons de l'UN, nous sommes l'un, nous
participons à cet un.
N'est-ce pas là la moelle du monothéisme que l'on retrouve dans le monde
intelligible, le monde des Idées de Platon ?
Message merveilleux pour se mettre en route vers la mondialisation
réussie dont nous n'avons pas donné encore sa pleine signification.
La conviction du judaïsme : nous sommes tous branchés sur l'un.

Nulle opposition entre la nature et nous, entre l'univers et nous, vivants
du sixième jour. Nous sommes de l'univers.

Quelles extraordinaires bouffées d'oxygène !

Cette conviction est-elle illusion, hallucination, délire ?

Et si ce n'était pas le fruit d'une illusion, d'une hallucination, d'un délire !

Mais alors, si nous sommes de l'un, nous sommes en liens, en relations.

Nous appartenons au « même », mais nous ne sommes pas en fusion ;

Nous sommes chacun, chacune, dinosaure, rose, éléphant, être humain

...... Comment chacun peut-il se sentir branché sur l'un sans se sentir absorbé,

phagocyté par cet un ? L'individu, l'état, la nation sont branchés sont en

liens. La question devient plus délicate. Comment les États, les nations,

peuvent-ils s'articuler sur cet un ?

Il y a une histoire de ce branchement sur l'un. Suivons la chronologie de ce branchement. Il est certain que broutant,

fouillant, rôdant autour de l'arbre de la connaissance du bon et du mauvais,

les humains ne peuvent que tâtonner, se tromper, errer, se sentir en exil.

Les conditions de la survie sont difficiles, inquiétantes. C'est le *fait* de la

jungle où l'homme est un loup pour l'homme. L'homme travaillait à la sueur de son front ; la femme enfantait dans

la douleur ; la souffrance pour être tolérée devait être perçue comme épreuve envoyée par Dieu.

Époque où « Les gros poissons mangeaient les petits ».

Aujourd'hui, en ce début du vingt-et-unième siècle, qu'en est-il ?

La douleur n'est plus un signe d'élection ; la sueur n'est pas la valeur
du travail.

Pouce ! Autorisons-nous une pause.
Qu'avons-nous acquis ? Qu'avons-nous saisi ?
Nous traversons une grande turbulence ; nous ne sommes pas encore
conscients de tous les « outils » que nous avons à notre disposition.
La technologie n'a pas pour essence de déposséder l'homme de son
humanité ; bien au contraire, elle est au service de l'humanité.
N'oublions pas que la technologie est une production humaine et non
un être surgissant de nulle part.
Nous ne savons pas encore intégrer nos technologies à notre organisation
du travail, notre organisation sociale, d'abord européenne, ensuite
mondiale.
Nous savons que nulle nation ne peut se suffire à elle-même ; elle est
en lien avec les autres. Mais tant que ces « *liens ne sont pas vécus, ressentis
comme des trésors, des enrichissements* », nous ne pouvons que résister
<u>inutilement</u> à ce qui se produit, se produira, à savoir la mondialisation.

Comment passer d'une mentalité de crainte,
d'effroi, de repli sur soi, à cette
nouvelle mentalité ?
L'éducation n'est-elle pas plus que jamais
fondamentale ?
Que nous a-t-elle montré jusqu'alors ? Qu'il y avait
des gagnants et des
perdants, que la « vie » est une concurrence
constante, indépassable,
insurmontable.

Ce terme est dévoyé, car concurrence signifie courir
avec et non pas contre,
Aux dépens de.

Nous sommes à l'aube du septième jour, où
l'arbre de la connaissance
Du bon et du mauvais peut et doit écouter l'arbre
de la vie, et non pas
S'enfoncer, s'engluer dans les schèmes de la survie.
Il est lourd d'être héritier, écrit Nietzsche dans *Le
gai savoir* (« Le poids le
Plus lourd »).
Nous avons à examiner nos héritages, alourdis de
toxines
Mais tellement riches de substances exquises,
délicieuses, à partager, à
Offrir. Nous devons décanter, filtrer.
Le judaïsme peut nous donner un chemin.
« L'homme est à la réplique
De Dieu ».
Ce message ne signifie-t-il pas que l'humanité n'est
pas la finalité de la
Création, mais qu'elle est un moment du chemin des
vivants vers la vie ?
LEHAÏM ! La vie. **Cette vie qui dépose la mort
liée à la survie.**
N'est-ce pas le projet actuel des
« Transhumanistes » qui pensent que

La souffrance, la maladie, la mort elle-même
peuvent être vaincues,
Abolies ?
Ils nous proposent l'homme augmenté, amélioré.
Cette conviction d'un dépassement de l'humanité ne
doit être ni moquée
Ni rejetée.

N'y a-t-il pas là une imprégnation inconsciente par
la tradition

Monothéiste du judaïsme ?

L'homme à la réplique de Dieu traverse, me
semble-t-il, le cerveau humaniste.

Mais s'agit-il de l'homme augmenté qui serait à la
réplique de ?

En réalité, nous demeurons toujours dans cet
héritage où c'est le

Quantitatif, la mesure qui l'emportent sur le
qualitatif.

Tel est le règne des gagnants dont les exemples se
multiplient.

Tous les moyens sont bons : escroqueries, dopages,
etc. pour

Gagner.

GAGNER QUOI ?

Le judaïsme ne propose pas un homme augmenté,
mais plutôt la

Fin de la « loi » de la jungle.

La « loi » de la jungle fut adéquate pour survivre
les premiers temps

De notre émergence.

Grâce à tout ce que nous ont légué nos ancêtres,
nous pouvons désormais

Nous dépouiller de nos schèmes de survie.

Il faut inhiber notre strate cérébrale de la survie
pour sécréter, non plus

Des cellules accaparatrices qui disent : « Tout pour moi », mais développer,
Déployer des cellules liantes, profuses que nous expérimentons dans nos
Joies, nos partages.
La concurrence fut efficace comme stratégie de survies.

Mais aujourd'hui, nous devons développer la
coopération qui est la véritable,
La seule écriture authentique du monothéisme.
N'oublions pas que nous sommes de l'un, chacun en
sa singularité.
Nous avons à filtrer, décanter nos héritages pour ne
plus jamais inscrire

OU OU mais ET ET

Telle est cette suavité, cette volupté de l'homme à la
réplique de Dieu
Certitude d'une mondialisation réussie.

2. *Le judaïsme et l'élaboration de la paix*

« Le monde est un et il a une superbe cohérence…
La terre est née de
l'univers, la vie de la matière, l'homme de la vie
animale et l'esprit de
l'homme du développement de son système
nerveux.
*L'histoire des astres, celle de la vie, l'histoire de
l'homme, l'histoire de*
la pensée, sont une seule et même histoire, sont
l'Histoire ». Yves Coppens
Nous sommes les branches d'un même arbre ; nous
sommes tous issus
de cette même matière de notre univers qui n'a fait
que se compliquer,
s'organiser, se décliner, se déployer en multiples, en
singularités.
Ces discours scientifiques ne sont-ils pas
l'expression même de cette intuition
primordiale exprimée dans le judaïsme : « Le
monothéisme » ?
Savoir que nous sommes enracinés, que nous
avons le même fondement,
que par là même, nos identités, nos colonnes
vertébrales, sont plongées
dans un socle unique qui se déplie en plusieurs
rameaux divers, différents,
singuliers.

Nos racines, nos fondements appartiennent à l'un,
aux étoiles, aux végétaux, aux animaux, aux
humains.

C'EST L'UN.

N'est-ce pas là la description du *récit de
la Genèse* ?

Pas une seule erreur, pas un seul manquement dans
le récit, pas une seule
inversion !

Chaque singularité, pleine de la précédente,
enrichie des six premiers jours,
est en accueil des jours qui viennent, vers ce 7e
jour.

Le judaïsme inscrit et s'inscrit dans cette
extraordinaire nouvelle
Nous sommes de l'un, chacun dans nos différences,
dans nos diversités :
étoiles, plantes, animaux, humains, vers
l'avènement du septième jour.
Telle est la grande nouvelle nommée le
« MONOTHÉISME ».

Création ? Transcendance ? Immanence ?

Ce que nous retenons, ce dont nous sommes
certains, c'est qu'il n'y a
Nulle contradiction entre le récit de la Genèse et la
théorie de l'évolution.

Que nous dit la Genèse ?

Adam et Ève ne naissent pas d'un coup de baguette
magique le premier
jour, mais bien le sixième jour.
Que nous disent les recherches des paléontologues
aujourd'hui ? Nous sommes les derniers vivants –
les humains -
branchés sur l'un.
Imprégnés de ces deux informations :
« le monothéisme et l'évolutionnisme »,
nous pouvons nous préparer et préparer l'humanité
à notre tâche vis-à-vis
des cinq premiers jours, et à l'intérieur de notre
sixième jour dont il est
question aujourd'hui.

Comment nous, vivants, émergés du sixième jour, pouvons-nous bénéficier
de ces deux nouvelles bénédictions ?

> *Savoir que nous sommes du même, en innovant nos diversités.*

Il ne s'agit, dans le judaïsme, nullement de fusion, de dissolution dans un
grand tout, mais de ne **jamais** être amnésique de l'arbre de la vie.

Nous ne sommes pas la vie. Nous sommes en chemin vers la vie.

Quoi est la vie ?

Quels en sont les composés, les ingrédients ?
Nous ne le savons pas encore. Le judaïsme ne nous
laisse aucun choix.
            Il martèle sans cesse : « Choisis la vie ».
**Nous ne pouvons pas, nous ne devons pas choisir
la mort. La mort n'est
pas un choix.**
Choisir la mort est écrasement, suffocation, dues à
de nombreux facteurs !
L'injonction « choisis la vie » s'amplifie.
De quelle vie s'agit-il ? La vie telle que je la vis au
présent, telle que je la
voudrais, telle que je la pourrais ?
Comment nous éclairer, sur quels chemins
marcher ? Quels pièges, quels
obstacles devons-nous éviter ? La vie a-t-elle un
sens, se demande, Camus.
L'absurde vient inoculer les vivants humains que
nous sommes.
Pour   quoi pour qui vivons-nous ? Interrogations
d'autant plus pertinentes
En conscience de notre finitude.
Alors pourquoi le judaïsme se centre-t-il sur cet
impératif « Choisis la vie » ?

L'homme est à la réplique de Dieu.
Que de vibrations, que d'intensités, que de
sonorités, que de saveurs dans
cette annonce !
Quoi ? Comment ? L'émergence du vivant
l'humain !
L'évolution-création ne serait-elle pas achevée !
L'humain ne serait pas le point final de l'évolution-
création, de la création –évolution.

Nous sommes des balbutiants, embryons humains, héritiers des cinq

premiers jours ; et nous ne pouvons pas, nous ne devons pas nous arrêter

à nos bégaiements. Nous devons nous humaniser, cheminer vers ce phare

éblouissant, polyphonique, savoureux qui nous sollicite.

À l'image, à la réplique de Dieu.

Nous sommes du futur, nous sommes au futur.

Qui est Dieu ? Quoi est Dieu ?

Nous n'en savons rien. Nous sommes sommés d'avancer, d'évoluer, de nous

complexifier vers Dieu. Dieu nous attendra-t-il ? Est-il à l'extérieur de nous,

à l'intérieur, est-ce notre virtualité ?

Dieu, choisis la vie, l'arbre de vie résonnent la vie, la joie, l'accomplissement.

Oui nous serons branchés, chacun à notre manière, sur l'arbre de vie.

Mais alors, alors ?

Cette histoire du serpent, d'Ève, d'Adam, comment l'aborder, la saisir ?

Le plus simplement, le plus honnêtement. Nos deux émergents préhumains

N'ont en aucun cas transgressé, péché. Ils sont dans les limbes, aux aubes

du sixième jour.

Ils disposent d'un disque dur griffonné de toutes les paroles divines, mais
ils ne peuvent encore décoder les lettres, les mots.
La genèse nous libère du poids de toute culpabilité, de toute faute.

Il n'y a pas de péché, il n'y a pas de faute.

Les embryons humains sont des apprentis,
demandent du temps pour se
développer, pour comprendre, apprendre.

Écoute. Écoute.

Nous avons toutes les données les plus fortes, les
plus denses, les plus
intenses pour nous construire, pour nous enrichir,
pour participer à
l'avènement du 7e jour et des jours suivants : « à la
réplique de Dieu ».

Bénir la vie, bénir la vie, telle est la grandeur du
judaïsme.

Ces injonctions ne constituent-elles pas les
fondements d'une participation
effective, efficace à l'élaboration de la paix ?

J'ajouterai, au banquet du judaïsme, deux
ingrédients :

Aime ton compagnon comme toi-même,
Œil pour œil. Dent pour dent.

1. Œil pour œil. Dent pour dent.
2. Rien ne s'efface dans notre cerveau.
3. Tout ce que nous recevons s'inscrit.

Nulle vengeance ! Nul règlement de compte !

Savoir que tout s'inscrit ; le moindre élément écrit
notre cerveau.

Nous saisissons alors à quel point nous devons être attentifs, vigilants,
à ce que nous **émettons**.

    Nous sommes des veilleurs.

Une vibration positive produit la joie, l'ouverture.
Une vibration négative ne peut pas produire la joie,
elle marque la frustration,
la tristesse, la fermeture.

  4. Aime ton compagnon comme toi-même.
Comme toi-même.
L'amour : sache **t'aimer**.

    Écoute-toi.

Plus tu écoutes tes forces, tes puissances
nichées en Éros,
Plus tu te renforces, tu te rends disponible, en
accueil, au meilleur
de toi-même.
Cet accueil au meilleur de toi-même
devient exigence du meilleur
de l'autre.

Tu haïras les autres, tu rentreras en guerre
avec eux autant que
Tu seras en guerre avec toi-même.

Tu aimeras l'autre, les autres autant que tu
t'aimes toi-même.

Le judaïsme se love dans le cordon ombilical
de l'univers.
Il dit L'Un : Cerveau aux multiples plis.
C'est dans un de ces plis qu'il annonce les
broutages de chacun pour édifier la paix.
La Paix, une des facettes de « L'homme à la
réplique de Dieu ».

Éditeur
Books on Demand GmbH
12/14 rond-point des Champs Elysées
75008 Paris, France

Direction d'ouvrage :
Monique Lise Cohen et Pierre Léoutre
Association « Mémoires :
Les Juifs dans la Résistance »
www.resistancejuive.org

Maquette et composition :
Pierre Léoutre et Laurent Green

Impression :
Books on Demand GmbH, Norderstedt,
Allemagne

ISBN : 9782322159109

Dépôt légal : juillet 2017
www.bod.fr